AF542033

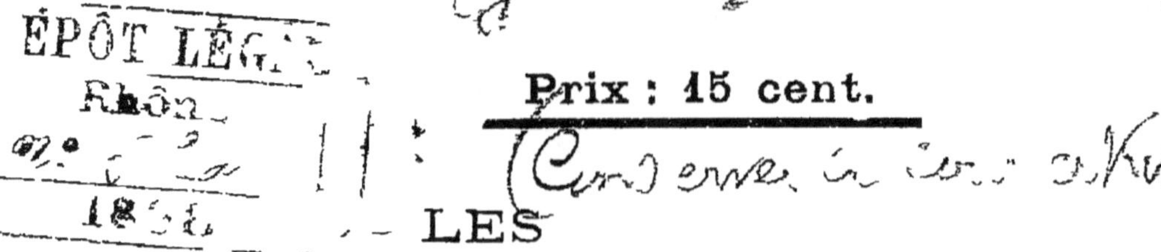
ÉPÔT LÉG
Rhôn
1898

Prix : 15 cent.

LES PROLÉTARIENNES

Lettres ouvertes aux Ouvriers

PAR

LAFRANCHISE

Troisième Lettre

TOUS DROITS RESERVES

LYON
- IMPRIMERIE C. ALRICY - LITHOGRAPHIE
rs Lafayette, 5 (Passage Coste)
1898

LES

Prolétariennes

Lettres ouvertes aux Ouvriers

PAR

LAFRANCHISE

Aimons-nous, aidons-nous

A mon cher ami d'enfance, Antoine Corompt, cultivateur au hameau du Triollet.

TROISIÈME LETTRE

MES CHERS AMIS,

En vous parlant dans ma précédente lettre du travailleur des champs, je vous ai montré par quelle hiérarchie il pouvait arriver à être premier valet, puis fermier, puis petit propriétaire et s'assurer ainsi une existence paisible jusqu'à sa mort. Pour l'ouvrier de la ville, la sécurité de ses vieux jours est bien plus difficile à acquérir Les besoins du paysan sont restreints; il se contente d'une nourriture frugale, il a des vêtements peu coûteux, il n'a pas ou presque pas de faux frais, ni tabac, ni petits verres, ni spectacles, etc. Pourtant la différence des gains n'est pas toujours en proportion avec la différence des besoins. De là pour le citadin, la nécessité de déployer des efforts plus suivis, plus énergiques pour arriver à s'abriter de la misère qui le guette lorsque son bras ne pourra plus suffire à la besogne quotidienne. Je ne sais, mes chers amis, si, comme moi, vous avez été étreints par ce souci perpétuel du lendemain, par cette espèce de supplice de Tantale, où l'on a le devoir impérieux de gagner le pain de chaque jour ; où le gain de la journée est souvent même insuffisant, où, dès qu'une journée est perdue, on craint de voir la face hideuse de la faim s'asseoir au foyer familial ?

Tenez, ces jours derniers, quand j'ai appris que quatre vingt mille travailleurs s'étaient mis en grève, cela m'a fait passer un frisson d'épouvante dans le cœur. Songer que tant de journées perdues, c'était autant de journées de privation pour ces besogneux, pour ces malheureux qui ont presque tous femme et enfants ! .. Je vous laisse à penser quelles devaient être les plaintes, les angoisses, les récriminations, les désespoirs, de la plupart de ces ménages ouvriers !...

En songeant à cela, comme on maudit du fond de l'âme, les meneurs politiciens, journalistes, qui vivent grassement au profit de ceux qu'ils conseillent, qu'ils trompent souvent si honteusement, si lâchement, je ne crains pas de le dire ?

Quand donc, ô mes chers amis, serons-nous de vrais hommes et non plus de grands enfants que l'on peut amuser impunément avec des bagatelles ? Ah ! redoutons la grève comme on redoute la guerre ou la famine, car elle est vraiment la sœur de ces terribles fléaux. Certes, nul plus que moi n'est passionné de solidarité, et s'il existe une maxime chère à mon cœur, c'est bien celle qui dit : « Tous pour chacun, chacun pour tous »,mais je comprends la solidarité intelligente et pratique, par les associations dont toute discussion politique est bannie ; où la personnalité humaine loin, d'être annihilée, se trouve au contraire fortifiée, rehaussée par les efforts de tous à concourir au même but C'est pourquoi, respectueux du droit que tout homme possède, qu'il soit riche ou pauvre, patron ou bien ouvrier, je voudrais voir l'arbitrage plus fréquemment, plus fermement entrer dans nos mœurs. Ne doutons pas que c'est par lui, et par lui seul, que les malentendus peuvent se résoudre le plus rapidement et avec le plus de justice. Mais cette question de la grève, me fait perdre de vue le point de départ de cette lettre qui est l'examen de la condition actuelle de l'ouvrier et de l'employé des villes.

Pénétrons ensemble, mes chers amis, dans les ménages de ces deux catégories de travailleurs de nos grandes cités. Les uns et les autres vivent de leur salaire quotidien, mais d'une façon cependant bien différente. L'ouvrier a un état qui lui permet soit de travailler chez lui, soit d'aller d'atelier en atelier. L'employé n'a pas d'état, il s'emploie où il peut, où il trouve et souvent un peu au hasard de sa bonne étoile. Il est dès l'abord, évident que le sort du premier est de beaucoup préférable à celui du second. L'ouvrier avec un état est presque comparable au petit propriétaire. Il a, grâce à cet état, une source de revenus assurée pendant qu'il est à même de l'exploiter. L'employé, s'il veut jouir des mêmes avantages, est en quelque sorte obligé de faire un apprentissage, c'est-à-dire de devenir professionnel en son genre.

Indépendamment de ces catégories principales de travailleurs, il y a aussi dans nos villes les domestiques et les manœuvres ; les domestiques sont pour ainsi-dire des ouvriers subalternes, se rattachant à la première catégorie ; disons de même, que les manœuvres, hommes de peine, sont des employés également subalternes. Dans ces deux genres de travailleurs, je veux dire dans les ouvriers et les employés, il y a de grandes misères dont il faut indiquer les causes. L'une et l'autre de ces deux classes sociales a ses travers, je ne crains même pas de dire ses vices. Les ouvriers ont, en général,celui de trop se laisser aller à boire ces poisons divers qu'on leur vend sous la dénomination d'alcools ; les employés ne boivent pas autant en général, mais par contre ont la vanité de vouloir se tenir, soit comme appartements, soit comme vêtements, avec le confortable de bourgeois ayant quatre à cinq mille francs de rentes. C'est donc, en somme, très souvent, dans l'un et l'autre cas, le manque de prudence, d'énergique économie qui met tant de braves travailleurs dans la gêne et dans la misère noire sitôt qu'il leur arrive un malheur, je veux dire, soit une maladie, soit un chomage forcé. N'est-ce pas, mes chers amis, que je ne vous dis là que la vérité, et que si nous économisions chaque jour un peu de ce précieux argent, qui nous coûte tant de sueurs, et que nous donnons sans remords, soit aux marchands de tabac, soit aux mastroquets, nous pourrions facilement verser tous les mois deux francs ou plus à une societé de secours mutuels et de retraite, qui nous assisterait en cas de maladie et nous assurerait un abri pour notre vieillesse ; nous pourrions y abonner de même, pour deux ou trois francs de plus, notre compagne et nos enfants? Oui, voilà quel devrait être notre premier souci, et le second serait de prendre une assurance sur la vie lorsque notre profession nous assure un emploi stable. Pour cette assurance il est une combinaison qui ma paru très logique et bien à notre portée. C'est celle qui se nomme *la Fourmillière*, et qui, moyennant la modeste somme de douze francs par an, nous assure environ mille francs pour ceux qui nous survivent. Ainsi en prélevant régulièrement vingt-cinq ou trente centimes par jour sur nos salaires, nous pourrions, par le moyen de la mutualité, nous faire assister gratuitement dans les cas de maladie, nous assurer le pain quotidien des vieux jours et ne pas laisser, si nous venons à mourir jeunes, femme et enfants exposés aux cruelles épreuves de la misère.

Nos plus terribles ennemis, soyons en sûrs, ne sont pas nos patrons, si inhumains soient-ils, mais nos faux besoins ou nos vices. Franklin l'a dit avec beaucoup de vérité : « Avec ce que nous dépensons pour l'entretien d'un seul de nos vices nous élèverions plusieurs enfants ». Nos ennemis, nos vrais exploiteurs, c'est tout ce qui s'adresse à nos passions ; ce sont ces débits de liqueurs qui se multiplient d'une façon épouvantable, qui s'ouvrent devant nous à chaque pas, et notamment aux portes des usines, des casernes, des ateliers ; ce sont ces lupanars remplis de prostituées, où tant de jeunes gens se laissent entraîner et souvent, en une seule nuit, dépensent pour s'empoisonner physiquement et moralement, tout le salaire d'une semaine, et quelquefois, sous l'influence de l'ivresse, le salaire de tout un mois de dûrs travaux.

Et vous savez, aussi bien que moi, que ceux qui fréquentent ces cafés, ces comptoirs, ces brasseries, ces maisons malfamées, ne sont pas des exceptions mais, au contraire, que ce sont ceux qui ne les fréquentent pas qui sont la très faible minorité. Lorsque je vois parfois des gens sensés, ou du moins, qui se croient tels, s'etonner de ce que la jeunesse est si débile dans nos grandes cités, sans en trouver la cause, je les prends véritablement pour ce qu'ils sont, je veux dire, pour des aveugles et des sots fiéfés, qui émettent de ces réflexions pyramidales qui vous ahurissent. Car, pour ma part, je m'étonne qu'avec une telle abondance d'officines délétères publiques, nous ne voyons pas le corps social dépérir plus brusquement.

Donc, ouvriers et employés, mes camarades, quelques soient les revendications que nous ayons à faire valoir, sachons bien que la première, la plus urgente, la plus utile à notre bien être et à celui de ceux qui nous sont chers, c'est de réclamer, pour cause d'hygiène, la restriction des débits d'alcool. Et, puisque je parlais de grève tout à l'heure, je puis bien avouer que j'en trouverais une vraiment légitime, ce serait celle que tous les travailleurs pourraient faire contre l'alcoolisme, qui est la ruine de notre porte-monnaie et de notre santé. Nous nous en prenons toujours aux patrons de notre gêne, de nos fatigues, mais avouons franchement que ceux qui nous emploient auraient quelques raisons de nous répondre que nous ferions mieux de porter l'argent qu'ils nous donnent chez le boulanger, le boucher, l'épicier où à la caisse d'épargne, que chez le mastroquet du coin où dans tels autres endroits qu'il n'est pas utile de nommer. A vrai dire, si tous ces milliers de débitants gagnent de l'argent, c'est forcément celui que perd notre ménagère et que nous perdons (ce ne sont pas les bourgeois qui fréquentent ces débits à deux sous le petit verre) et ils en gagnent ; car, si c'était le contraire, ils ne seraient pas aussi nombreux, eux, pas plus que nous, ne voulant travailler pour rien !

Ici je crois entendre beaucoup de mes camarades d'hier se récrier : « Certes, tu en parles à ton aise, mais si réellement tu as été ouvrier comme tu nous l'a dit dans ta première lettre, tu dois bien savoir qu'il n'est pas facile de résister soit à l'entraînement du voisin qui vous invite à boire un verre, soit à celui du camarade d'atelier avec lequel on fait la route a la sortie ou à la rentrée ? Si l'on refuse, tu sais bien qu'on vous traite d'*ours*, de *sauvage*, de *crétin*, de *ladre* ou de toute autre épithète aussi désagréable ? N'est-ce pas vrai, Lafranchise ? » Eh bien ! oui, tout cela est très vrai, mes amis. Et en vous recommandant la sobriété je ne prétends pas vous faire un crime de trinquer avec vos camarades. Néanmoins, je puis bien vous dire que je préfèrerais m'entendre qualifier comme vous le dites, comme cela se fait, comme je l'ai d'ailleurs été, et pouvoir me dire à part moi : « Je me moque de vos quolibets grossiers; je sais que je fais mon devoir, cela me suffit. » Oui, j'ai toujours préféré résister ainsi que de me laisser conduire comme un enfant inconscient.

J'entends encore une objection : « Mais enfin, me direz-vous, lorsqu'on a bien trimé toute la journée, il n'est pas défendu de prendre un moment de loisir après le repas du soir pour aller faire sa partie de cartes, de billard ou se rendre au spectacle ? Nos patrons s'amusent bien eux...

Nous ne devons pourtant pas être des parias.. »
Eh bien ! mes chers amis, je vous répondrai ici en toute sincérité que vos loisirs de la semaine doivent être utilisés dans votre ménage si vous êtes marié, ou à votre instruction intellectuelle et professionnelle si vous êtes jeune homme.

Dans ma précédente lettre je vous ai raconté comment les travailleurs des champs remplissaient laborieusement leurs journées, ne se reposant que le dimanche ; imitons-les. En vous parlant ainsi, je me souviens d'un vieux proverbe qui est de circonstance ici : *Si quelqu'un vous dit que vous pouvez vous élever autrement que par l'instruction, l'économie et le travail, fuyez-le.* Donnez donc autant que possible à l'instruction les loisirs que vous laisse votre travail et vous vous élèverez peu à peu au-dessus de ceux qui laissent passer sans réflexion les années où l'on peut ainsi améliorer son présent et se préparer un avenir plus tranquille et plus honorable.

Cela vous coûtera sans doute quelques efforts pour commencer, *on n'a rien sans peine,* mais bientôt le bien-être que vous en retirerez et la satisfaction de vous sentir des hommes dans toute l'acception du mot, vous paiera au centuple du courage moral que vous aurez déployé. Si vous n'avez pas de goût à l'instruction, si vos travaux quotidiens vous occasionnent des fatigues d'esprit, si, en un mot, vous avez besoin de vous secouer, comme l'on dit vulgairement, faites des courses au grand air ; mais, par pitié pour vous-mêmes, n'allez pas vous enfermer dans un café enfumé. Ce conseil est autant un précepte d'hygiène que d'économie sociale. En effet, après un jour passé dans un local quelconque, bureau ou magasin, est-il rien de plus salutaire qu'une promenade le soir, soit solitaire, soit en famille ? De même après une journée de fatigues, rien de plus utile que le repos paisible au foyer familial ? — Mais la ménagère est grondeuse, mais les enfants crient et nous énervent, me répondront ceux qui ont pris l'habitude d'aller ainsi chaque jour au café. Et moi, je leur réponds, alors il n'y a pas à discuter avec vous, si votre devoir d'époux et votre rôle de père de famille vous semblent un fardeau, vous êtes indignes d'être époux et d'être pères. Vous êtes de parfaits égoïstes et ne pouvez ni ne pourrez jamais faire une vie agréable à votre compagne ni assurer un avenir sérieux à vos enfants.

Jeune homme, nous ne pouvons que perdre beaucoup en désertant le foyer paternel ; chef de famille, nous perdrons encore bien plus en passant nos loisirs hors du foyer conjugal. Cette façon de vivre en dehors de chez soi ne fait que s'accentuer de jour en jour, et j'en ai dit les causes. Mais il faut ici vous les mettre sous les yeux d'une façon irréfutable. Je ne me fie guère aux statistiques, cependant il en est une que j'ai faite et que chacun de vous, ouvriers et employés habitant notre ville de Lyon, pouvez faire. J'ai donc compté les débits d'alcool, cafés, brasseries, bars, zincs-mastroquets qui sont installés dans notre vaste cité.

J'en ai compté près de dix mille pour notre population de 450,000 habitants. Or, si de ce nombre d'habitants nous déduisons les femmes et les enfants ne consommant pas ou presque pas d'alcool, nous le diminuerons certainement de plus de moitié, ce qui nous donnera de deux cents à deux cent cinquante mille consommateurs pour ces dix mille débitants, soit en chiffres ronds vingt ou vingt-cinq consommateurs pour chaque débit. Maintenant, calculons que chaque débitant fait journellement une recette moyenne de 10 francs en alcools, en petits verres les plus courants, absinthe ou liqueurs diverses, les dix mille encaisseront donc, *et nous sommes au-dessous de la vérité,* la somme totale de cent mille francs par jour, soit l'effrayant capital de trente-six millions cinq cent mille francs par an, soit enfin, pour chacun de nous, une somme annuelle de cent quarante-cinq francs. C'est, comme vous le voyez, mes chers amis, un fort joli impôt que nous prélève ce beau monsieur qui se nomme l'ALCOOL.

Ah! si c'était le gouvernement qui nous imposât ainsi de 0,35 centimes par jour de plus, commenous nous révolterions,comme nous trouverions des raisons sérieuses, impératives, pour obliger nos conseillers municipaux et nos députés à nous faire dégrever? Mais dès l'instant que c'est pour notre agrément que nous payons cet impôt, nous n'aurions garde de protester. Et pourtant ces 35 centimes par jour économisés avec persévérance pendant une dizaine d'années, ce serait déjà le bien-être pour nous et les nôtres

Si je m'attache d'une façon aussi obstinée à cette question des méfaits de l'alcool, c'est que vraiment ils sont épouvantables parmi nous ouvriers et employés des centres populeux. Et si j'ai pris notre ville pour point de comparaison, ce n'est pas qu'elle soit la plus contaminée par le terrible fléau, « notre département, d'après les statistiques officielles, ne vient qu'en troisième ordre », mais afin que chacun de mes lecteurs puisse contrôler ce que j'écris et se rendre compte que je dis la vérité. Pour ceux qui semblent n'avoir pas des yeux pour voir et qui veulent des chiffres, voici quelques extraits que j'emprunte à un petit volume : *l'Enseignement de l'anti-alcoolisme*, par M. le docteur Galtier-Boissière, petit volume qu'entre parenthèse je les engage vivement à lire. Il s'exprime ainsi : « La quantité d'alcool « *taxé* bu dans notre pays (la France) par « chaque habitant, proportion qui était de « 1 litre 1/2 en 1850, de 3 litres en 1878, de « 4 en 1879, s'est élevé à 4 litres 1/2 en 1892. « Ces chiffres eux-mêmes n'expriment qu'une « moyenne générale. Dans certains départe- « ments la consommation de l'alcool atteint et « dépasse même le triple de cette moyenne. « Dans la Seine-Inférieure la consommation est « de *quatorze litres* par habitant. Dans l'Oise « et le Calvados, de *douze litres*. Dans la « Somme, l'Eure et la Manche, de neuf à dix « litres. » De pareils chiffres, n'est-il pas vrai, se passent de commentaires; ils prouvent surabondamment que la santé, le bien-être du peuple français seraient détruits à brève échéance, et sans espoir de retour, si on ne trouvait promptement un antiseptique à cette peste d'un nouveau genre.

Je pense qu'ils suffiront à convaincre les plus indifférents que s'il est un ennemi qui menace particulièrement notre classe, qui soit notre adversaire le plus direct et le plus dangereux, c'est bien celui-là, et,que s'il est une lutte que nous dussions entreprendre sans retard par nos propres forces et dans laquelle nous soyons sûr d'être victorieux, c'est bien celle qui nous délivrera de sa tyrannie.

Or, savez-vous, mes chers camarades, ce que nous économiserions à notre chère France si nous le voulions, si vous le vouliez comme je le veux, comme il faut le vouloir. L'alcool, qui rapporte au budget *deux cent quatre vingt seize* millions, occasionne une perte annuelle de *un milliard* et demi. Voici les chiffres : Dépenses des buveurs par toute la France : *trois cent vingt millions six cent cinquante huit mille francs* ; dépenses qu'occasionnent les alcooliques aliénés : *huit millions cent quatorze mille francs* ; dépenses pour répression des alcooliques criminels : *neuf millions* ; dépense de l'assistance publique pour soulager des misères dont l'alcool est la cause : *soixante-dix millions* ; pertes résultant de suicides ou de morts accidentelles : *cinq millions* ; les salaires perdus par maladies, chômage et divers : *un milliard trois cent quarante millions*. Tels sont les chiffres monstrueux que rapporte M. le docteur Galtier-Boissière dans l'ouvrage déjà cité. Et, prenant la base que je vous ai indiquée pour notre ville seule, vous voyez que, si fantastisques qu'ils nous paraissent, ils sont pourtant et hélas ! malheureusement l'expression de la vérité.

N'avais-je pas raison de vous dire tout à l'heure que vous deviez passer vos loisirs dans votre foyer et non dans les cafés ; que vous deviez les occuper à vous instruire sur ce qui vous intéresse aussi directement que des questions comme celle-là ? J'entends souvent autour de moi ces paroles : « Un petit verre par-ci, un un petit verre par-là, ça va, ça vient, mais ça ne compte pas ! »

Ah ! vraiment vous croyez que ça ne compte pas ? Eh bien ! essayez pendant quelques mois de marquer le soir, sou par sou vos dépenses de la journée et vous verrez comme cela sera instructif. Cette comptabilité domestique et familiale vous en apprendra plus sur la question sociale que les pompeux discours d'un professeur de socialisme intégral. Quel exercice plus intelligent et mieux à la portée de nous tous, que cette revue rétrospective des actes de la journée faite le soir dans le calme et en commun avec les membres de la famille ?.. Comme de ce simple examen on verrait naître des idées sages, des énergies fécondes pour le lendemain.

Prenons donc la résolution virile de donner plus d'attention à nos propres affaires, et songeons sans retard à nous constituer un abri contre l'adversité par notre participation à une société de secours mutuels, par des versements à la caisse d'épargne, et à donner à notre nourriture, c'est-à-dire au bien-être du foyer, ce que nous serions tentés de dépenser au dehors en boissons superflues et malsaines.

Mes chers amis, je pensais vous parler plus longuement des intérieurs d'ouvriers et d'employés, mais la question importante de l'alcoolisme m'a pris une grande partie de cette lettre. Dans la prochaine nous examinerons en détail ces questions d'économie familiale

Laissez-moi terminer celle-ci en vous annonçant que les deux premières m'ont valu quelques éloges dont je suis très flatté et surtout vivement encouragé. Voici quelques extraits qui vous prouveront que jai été compris : « Sous forme de lettres qui rappellent un peu les fameuses *Lettres au Peuple*, de Paul-Louis-Courrier , *vigneron de Tours*, Lafranchise s'adresse aux ouvriers et il examine avec eux la question sociale Il le fait d'une façon familière et pleine de bon sens. Ouvrier lui-même, né de parents pauvres, ayant acquis une instruction très développée, il est mieux à même que personne de parler à la classe si intéressante des travailleurs ».

Il est bien évident que ce témoignage d'estime ne me vient pas des grands journaux politiques quotidiens, qui ont bien autre chose que mes lettres à se mettre sous la dent et n'ont pas le loisir de dire ce qu'ils pensent d'une œuvre aussi modeste. Je leur ai pourtant fait donner communication de mes deux premières épîtres pour qu'ils ne les ignorent pas complètement. Dans la suite, si je parviens à être lu sans leur trop coûteux intermédiaire, ils diront sans doute qu'ils l'avaient bien prévu et m'y avaient encouragé. Mais, ainsi que je vous l'ai dit dans notre premier entretien, pendant mes dures années d'ouvrier, j'ai toujours trouvé place chez mes différents patrons sans passer par les bureaux de placement, et j'espère qu'il en sera de même de mes humbles et sincères « Prolétariennes », elles seront lues sans être patronnées ni placées par la haute presse ; elles seront lues, dis-je, et comprises par mes camarades auxquels elles s'adressent et à qui elles ont pour but d'être utiles en leur disant la vérité, rien que la vérité.

Maintenant, mes chers amis, pour ceux d'entre vous qui me trouveraient trop austère, trop sévère pour nos faiblesses, qu'ils sachent que j'ai agi de la sorte, parce que je me suis souvenu de cette maxime : *Il faut d'abord se dire la vérité si on veut avoir le droit de la dire aux autres.*

LAFRANCHISE.

BIBLIOTHÈQUE NATIONALE RF IMPRIMÉS

Lyon, Novembre 1898.

Lyon, Imp. C. Alricy, cours Lafayette, 5

221

Les Prolétariennes

seront completes en dix lettres mensuelles

Pour les recevoir franco, adresser 1 fr. 50
en mandat poste
a l'imprimerie C. ALRICY, *cours Lafayette,* 5
Lyon

www.ingramcontent.com/pod-product-compliance
Lightning Source LLC
LaVergne TN
LVHW020509230826
846091LV00008BA/3425

* 9 7 8 2 0 1 3 4 5 0 6 6 9 *